Kassenbuch DIN A5

- einfach und übersichtlich - ohne MwSt.

Kassenbuch DIN A5

- einfach und übersichtlich - ohne MwSt.

Thomas Eschenbach

Impressum

Bibliografische Information der Deutschen Nationalbibliothek:
Die Deutsche Nationalbibliothek verzeichnet diese Publikation in der
Deutschen Nationalbibliografie; detaillierte bibliografische Daten sind im
Internet über http://dnb.dnb.de abrufbar.

© 2021 Thomas Eschenbach

Herstellung und Verlag: BoD – Books on Demand, Norderstedt

ISBN: 978-3-7557-5255-4

Name : _____

Telefon : _____

E-Mail : _____

Nr.	Datum	Zweck	+	-	Saldo
		genug Platz zum Schreiben			

Nr.	Datum	Zweck	+	-	Saldo

Nr.	Datum	Zweck	+	-	Saldo

Nr.	Datum	Zweck	+	-	Saldo

Nr.	Datum	Zweck	+	-	Saldo

Nr.	Datum	Zweck	+	-	Saldo

Nr.	Datum	Zweck	+	-	Saldo

Nr.	Datum	Zweck	+	-	Saldo

Nr.	Datum	Zweck	+	-	Saldo

Nr.	Datum	Zweck	+	-	Saldo

Nr.	Datum	Zweck	+	-	Saldo

Nr.	Datum	Zweck	+	-	Saldo

Nr.	Datum	Zweck	+	-	Saldo

Nr.	Datum	Zweck	+	-	Saldo

Nr.	Datum	Zweck	+	-	Saldo

Nr.	Datum	Zweck	+	-	Saldo

Nr.	Datum	Zweck	+	-	Saldo

Nr.	Datum	Zweck	+	-	Saldo

Nr.	Datum	Zweck	+	-	Saldo

Nr.	Datum	Zweck	+	-	Saldo

Nr.	Datum	Zweck	+	-	Saldo

Nr.	Datum	Zweck	+	-	Saldo

Nr.	Datum	Zweck	+	-	Saldo

Nr.	Datum	Zweck	+	-	Saldo

Nr.	Datum	Zweck	+	-	Saldo

Nr.	Datum	Zweck	+	-	Saldo

Nr.	Datum	Zweck	+	-	Saldo

Nr.	Datum	Zweck	+	-	Saldo

Nr.	Datum	Zweck	+	-	Saldo

Nr.	Datum	Zweck	+	-	Saldo

Nr.	Datum	Zweck	+	-	Saldo

Nr.	Datum	Zweck	+	-	Saldo

Nr.	Datum	Zweck	+	-	Saldo

Nr.	Datum	Zweck	+	-	Saldo

Nr.	Datum	Zweck	+	-	Saldo

Nr.	Datum	Zweck	+	-	Saldo

Nr.	Datum	Zweck	+	-	Saldo

Nr.	Datum	Zweck	+	-	Saldo

Nr.	Datum	Zweck	+	-	Saldo

Nr.	Datum	Zweck	+	-	Saldo

Nr.	Datum	Zweck	+	-	Saldo

Nr.	Datum	Zweck	+	-	Saldo

Nr.	Datum	Zweck	+	-	Saldo

Nr.	Datum	Zweck	+	-	Saldo